Klick! 8

Arbeitsheft

Schreiben
Lesen

Herausgegeben von
Katharina Probst-Bauer

Erarbeitet von
Heike Huck, Catherine Jaulgey,
Gabriele Klaßmann, Jutta Peckmann,
Katharina Probst-Bauer, Rosa Regenscheit,
Siegfried Wengert, Margarete Westermeier,
Miriam Wiedner

Inhaltsverzeichnis

Notizen machen

Einen Vorgang beschreiben

Inhalte zusammenfassen

Argumentieren

Berufsorientierung: die eigenen Stärken

Berufsorientierung: die Bewerbung

Berufsorientierung: der Lebenslauf

Einen Text überarbeiten

Notizen machen

Die Projektwoche

**Die Schule plant eine Projektwoche über den Künstler Friedensreich Hundertwasser.
Die Lehrerin gibt der Klasse Hinweise zur Projektwoche.**

→ Textknacker 3 Abschnitte

„Eure Schulsachen könnt ihr die ganze Woche zu Hause lassen. Wir rechnen und wir schreiben nicht. Aber wir malen viel. Bringt also bitte euren Wasserfarbkasten und verschiedene Pinsel mit. Zum Vorzeichnen solltet ihr einen Bleistift und einen Radiergummi dabeihaben.

Wir malen aber nicht nur mit Wasserfarben, wir malen auch mit Ölfarbe. Wenn die Ölfarbe auf eure Kleidung tropft, dann könnt ihr die Ölfarbe nicht mehr herauswaschen. Packt deshalb ein altes T-Shirt ein, das schmutzig werden darf.

Damit unsere Tische sauber bleiben, brauchen wir viele alte Zeitungen. Die Zeitungen benutzen wir als Unterlage. Bringt also bitte von zu Hause alte Zeitungen mit.

Um beim Malen in gute Stimmung zu kommen, machen wir es uns hier richtig gemütlich. Ich bringe einen CD-Player mit. Packt eure Lieblings-CD ein, damit wir beim Malen Musik hören können.

Und zum Schluss noch eine wichtige Information: Während der Projektwoche bleibt der Schulkiosk geschlossen. Denkt deshalb daran, euch Pausenbrote mitzubringen!“

1 Was müssen die Jugendlichen beachten, wenn sie mit Ölfarbe malen?

Die Jugendlichen sollen 8 Sachen für die Projektwoche mitbringen.

2 Was sollen die Jugendlichen mitbringen?
Markiere die wichtigen Informationen.

Die Projektwoche

Die Jugendlichen notieren, was sie für die Projektwoche mitbringen sollen.

3 Was sollten die Jugendlichen notieren, damit sie nichts vergessen?
Schreibe auf.

Zur Projektwoche mitbringen:

☐
☐
☐
☐
☐
☐
☐
☐

Denise hat die folgenden Sachen für die Projektwoche bereitgelegt.

4 Prüfe mit Hilfe von Aufgabe 3, ob Denise alles hat.
Hake ab.

5 Was fehlt Denise noch?
Schreibe auf oder male ein Bild.

Der Künstler Hundertwasser

In einem Lexikon kannst du mehr über den Künstler Hundertwasser erfahren.

Friedensreich Hundertwasser

→ Textknacker Klappe hinten

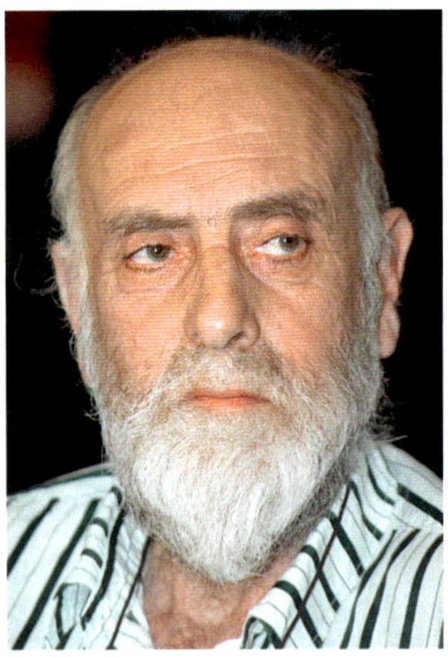

Der österreichische Künstler Hundertwasser lebte von 1928 bis 2000.

Der Name, den der Künstler von seinen Eltern bekam, lautete Friedrich Stowasser. Mit zwanzig Jahren änderte er seinen Namen. Stowasser hatte herausgefunden, dass **Sto** auf Slawisch **hundert** bedeutet. Deshalb gab er sich den Künstlernamen Friedensreich Hundertwasser. Später fügte er noch zwei Namen hinzu: Friedensreich Regentag Dunkelbunt Hundertwasser.

Hundertwasser ist bekannt für seine Malerei. Er malte sehr farbenfrohe Bilder in leuchtenden Farben. Seine Bilder zeigen meistens keine wirklichen Dinge, sie haben bunte Muster. Besonders typisch sind Bilder, die eine Spirale darstellen.

Hundertwasser beschäftigte sich auch mit Baukunst. Er mochte keine Häuser, die gerade, graue Wände haben. Deshalb entwarf Hundertwasser Häuser mit bunten Wänden. Die Häuser sehen wie Märchenschlösser aus: Es gibt viele Säulen und Türme. Die Wände haben verschiedene Formen und Farben. Auf den Dächern und auf den Terrassen wachsen Pflanzen.

1 a) Welchen Namen bekam Hundertwasser von seinen Eltern?

b) Weshalb änderte er seinen Namen?

2 Markiere in jedem Abschnitt die wichtigen Informationen:
- zum Namen
- zur Malerei
- zur Baukunst

Der Künstler Hundertwasser

Du kannst dir Notizen machen, damit du wichtige Informationen nicht vergisst. Deine Notizen helfen dir beim Vortragen.

3 a) Schreibe zu jedem Abschnitt eine Überschrift auf.
b) Schreibe aus jedem Abschnitt die wichtigen Informationen auf.
c) Male ein passendes Bild dazu.

Der Name
die Überschrift

Friedrich Stowasser

änderte seinen Namen

Künstlername

1

die Überschrift

2

die Überschrift

3

4 a) Suche dir eine Partnerin / einen Partner.
b) Halte einen kurzen Vortrag über Hundertwasser. Benutze deine Notizen.

Einen Vorgang beschreiben

Ein Vorderrad ausbauen

Daniel macht ein Praktikum bei einem Fahrradmechaniker*.
In seinem Praktikumsbericht beschreibt Daniel den Vorgang.
Er beschreibt, wie man bei Fahrrädern das Vorderrad ausbaut.

*Ein Fahrradmechaniker repariert Fahrräder.

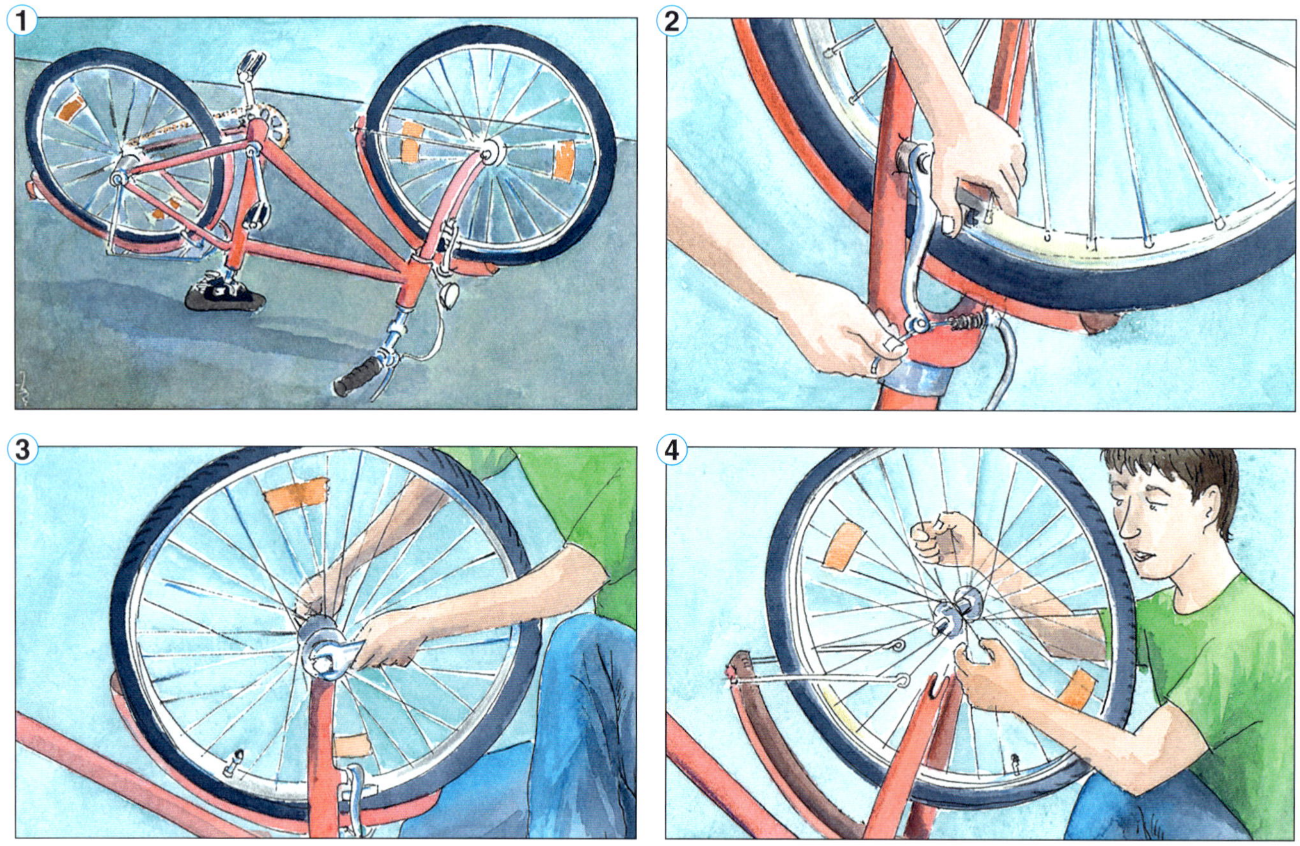

Damit andere den Vorgang nachmachen können, muss man den Vorgang in der richtigen Reihenfolge beschreiben.

1 Was muss man nacheinander tun?
Nummeriere die Arbeitsschritte in der richtigen Reihenfolge.

- ◯ das Rad aus der Gabel heben
- ◯ die Schraubenmuttern lösen
- ◯ das Fahrrad verkehrt herum stellen
- ◯ die Bremse öffnen

2 Verdeutliche die Reihenfolge durch passende Satzanfänge.

Zuerst ______ stellt man das Fahrrad verkehrt herum.
______ öffnet man die Bremse.
______ löst man die Schraubenmuttern.
______ hebt man das Rad aus der Gabel.

→ dann
~~zuerst~~
zum Schluss
danach

Ein Vorderrad ausbauen

Einen Vorgang muss man auch genau beschreiben.

3 a) Sieh dir die Bilder an.
b) Was genau muss man machen? Markiere die richtige Information.

1 

Man stellt das Fahrrad verkehrt herum
- auf den Sattel und den Lenker.
- auf den Ständer.

2 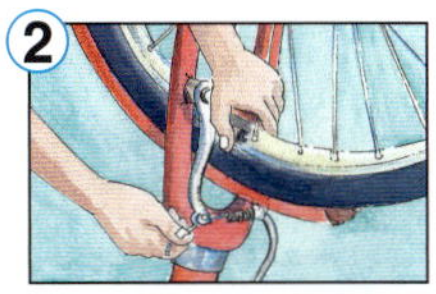

Man öffnet die Bremse
- mit einer Zange.
- mit den Händen.

3 

Man löst die Schraubenmuttern
- mit einem Hammer.
- mit einem Schraubenschlüssel.

4 

Man hebt das Rad
- nach oben aus der Gabel.
- nach unten aus der Gabel.

4 Beschreibe den Vorgang. Wende den Schritt **2** vom Schreibprofi an. → Schreibprofi Klappe vorn
- Ich verdeutliche die Reihenfolge durch passende Satzanfänge.
- Ich beschreibe genau, was man machen muss.

Zuerst stellt man das Fahrrad verkehrt herum auf den Sattel und den Lenker.

__________ öffnet man __________

__________ löst man __________

__________ hebt man __________

5 Überarbeite. Wende den Schritt **3** vom Schreibprofi an. → Schreibprofi Klappe vorn

6 Schreibe deine überarbeitete Vorgangsbeschreibung in dein Heft.

Den Schlauch aus dem Reifen holen

Daniel will auch beschreiben, wie man den Schlauch aus dem Reifen holt.

Damit andere den Vorgang nachmachen können, muss man den Vorgang in der richtigen Reihenfolge beschreiben.

1 Was muss man nacheinander tun? Nummeriere.

- ( ) den zweiten Reifenheber an der Felge entlangziehen
- (1) einen Reifenheber zwischen Felge und Reifen schieben
- ( ) den Schlauch ziehen
- ( ) den Reifen über die Felge hebeln
- ( ) das Ventil aus der Felge drücken

2 Formuliere die Arbeitsschritte in ganzen Sätzen.
Verdeutliche die Reihenfolge durch passende Satzanfänge.

Zuerst ______ schiebt man einen Reifenheber zwischen Felge und Reifen.

______ hebelt man ______

______ zieht man ______

______

______ drückt man ______

______ zieht man ______

→ dann
~~zuerst~~
anschließend
danach
zuletzt

Den Schlauch aus dem Reifen holen

Einen Vorgang muss man auch genau beschreiben.

3 a) Sieh dir die Bilder auf Seite 10 noch einmal an.
b) Was genau muss man machen? Markiere die richtige Information.

Man schiebt den Reifenheber gegenüber vom Ventil / neben dem Ventil zwischen Felge und Reifen.

Man hebelt den Reifen mit dem Hammer / mit dem Reifenheber über die Felge.

Man zieht den zweiten Reifenheber an der Felge entlang zur Mitte. / rund ums Rad.

Man drückt das Ventil durch ein Loch / hinter einer Beule aus der Felge.

Man zieht den Schlauch aus dem Ventil. / aus dem Reifen.

4 Beschreibe den Vorgang. Wende den Schritt **2** vom Schreibprofi an. → Schreibprofi Klappe vorn
- Ich verdeutliche die Reihenfolge durch passende Satzanfänge.
- Ich beschreibe genau, was man machen muss.

Zuerst schiebt man den Reifenheber gegenüber vom Ventil zwischen Felge und Reifen.

5 Überarbeite. Wende den Schritt **3** vom Schreibprofi an. → Schreibprofi Klappe vorn

6 Schreibe deine überarbeitete Vorgangsbeschreibung in dein Heft.

Inhalte zusammenfassen

Das Skateboard

Oskar Reich hat einen Sachtext über die ersten Skateboards und Vorschriften für das Skateboarden geschrieben.

Die Asphaltsurfer

→ Textknacker Klappe hinten

Die ersten Skateboards wurden in den USA erfunden. Einige Surfer, die sonst über das Wasser gleiten, wollten auch über die Straße gleiten. Sie schraubten ein paar Rollen von Rollschuhen unter ein Brett. So entstanden die ersten Skateboards. Sie waren einfache Bretter mit Rollen. Man nannte sie **Asphaltsurfer**, weil man damit wie mit einem Surfbrett über die Straße surfen konnte.

ein Asphaltsurfer

Heute gibt es genaue Vorschriften für das Skateboarden. In Deutschland darf man nicht überall Skateboard fahren. Auf Straßen ist es verboten. Im Jahr 2002 wurde beschlossen, dass Skateboarden nur auf Gehwegen erlaubt ist. Auf Radwegen ist das Benutzen von Skateboards nur erlaubt, wenn Schilder darauf hinweisen.

In vielen größeren Städten gibt es heute Skateparks. Das sind Plätze, die extra zum Skateboarden angelegt sind. Dort gibt es Hindernisse und Rampen. Sie bieten die Möglichkeit, Tricks und Sprünge auszuprobieren.

Oskar Reich

Du kannst den Text zusammenfassen, um andere kurz darüber zu informieren.

Zuerst nennst du die Überschrift und den Autor. Du schreibst auch, was für ein Text das ist.

1 Wie heißt die Überschrift von dem Text?

Wer ist der Autor von dem Text?

Was für ein Text ist das?

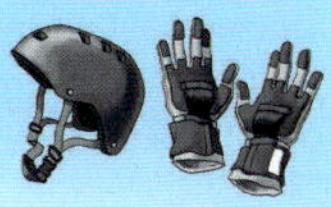

Dann schreibst du, worum es in dem Text geht.
Du nennst das Thema.

2 Was ist das Thema von dem Text?

____

Du schreibst zu jedem Abschnitt nur die wichtigsten Informationen auf.
Dabei helfen dir die Schlüsselwörter.

3 Schreibe aus jedem Abschnitt die Schlüsselwörter auf.

die ersten Skateboards, ______________________________

____

____

____

____

____

Nun kannst du den Text zusammenfassen.

4 Fasse den Inhalt vom Text zusammen.
Ergänze dazu passende Wörter und Wortgruppen.

Der Text Die Asphaltsurfer von Oskar Reich ist

ein ______________ über ______________________________.

Die ersten Skateboards waren nur ______________________________.

Man nannte sie ______________________.

In Deutschland darf man nicht überall Skateboard fahren.

Es gibt genaue ______________________________.

Auf Straßen ist das Skateboarden ______________________.

In vielen größeren Städten gibt es extra Plätze zum Skateboarden.

Das sind ____.

Die Schutzausrüstung

Oskar Reich hat auch einen Sachtext über das Verletzungsrisiko beim Skateboarden geschrieben.

Skateboarden: nie ohne Schutz

→ Textknacker Klappe hinten

Jedes Jahr müssen immer mehr Sportverletzungen in deutschen Krankenhäusern behandelt werden. Es kommt beim Sport zu Verstauchungen, Prellungen und Knochenbrüchen. Einige Verletzungen sind nicht so schlimm. Aber viele sind gefährlich und manche sogar lebensbedrohlich.

Auch beim Skateboarden besteht ein hohes Verletzungsrisiko. Besonders gefährlich ist das Fahren über Hindernisse oder das Ausprobieren von Sprüngen und Tricks. Dabei passieren immer wieder Stürze.

Schutzausrüstungen sind deshalb sehr wichtig. Skateboardfahrer sollten spezielle Schoner für Handgelenke, Knie und Ellenbogen tragen. Zusätzlich sollten Skateboardfahrer auch Helme tragen. Helme schützen vor schweren Kopfverletzungen. So können viele Verletzungen verhindert werden.

Oskar Reich

Informiere andere kurz über den Text. Fasse dazu den Inhalt zusammen.

**Zuerst nennst du die Überschrift und den Autor.
Du schreibst auch, was für ein Text das ist.**

1 Wie heißt die Überschrift von dem Text?

____

Wer ist der Autor von dem Text?

____

Was für ein Text ist das?

____

Die Schutzausrüstung

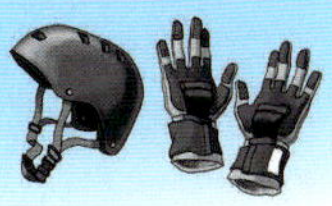

Dann schreibst du, worum es in dem Text geht.
Du nennst das Thema.

2 Was ist das Thema von dem Text?

Du schreibst zu jedem Abschnitt nur die wichtigsten Informationen auf.
Dabei helfen dir die Schlüsselwörter.

3 a) Schreibe aus Abschnitt 1 die Schlüsselwörter auf.

b) Markiere in den Abschnitten 2 und 3 die folgenden Schlüsselwörter:

beim Skateboarden   Verletzungsrisiko   gefährlich   Stürze
Schutzausrüstungen   Schoner   Helme   Verletzungen verhindert

Nun kannst du den Text zusammenfassen.

4 Fasse den Inhalt vom Text zusammen.
Ergänze dazu Wortgruppen und schreibe vollständige Sätze auf.

Der Text *Skateboarden: nie ohne Schutz* von ______

ist ein ______ über ______

Jedes Jahr müssen immer mehr Sportverletzungen behandelt werden.

Viele Verletzungen

Ein hohes Verletzungsrisiko besteht auch beim Skateboarden.

Für alle Skateboardfahrer sind deshalb Schutzausrüstungen wichtig.

Argumentieren

Ein Kiosk für die Schule?

Die Klassensprecherinnen und Klassensprecher der Gartenschule diskutieren in der Schülerversammlung, ob es einen Schulkiosk geben soll.

Richard: „Ich finde einen Schulkiosk gut, weil sich jeder etwas zum Essen und zum Trinken kaufen kann.“

Lena: „Ich finde einen Schulkiosk nicht gut, weil nicht alle Schüler Geld zum Einkaufen haben.“

Evelina: „Ich bin für einen Schulkiosk, weil dann keiner mehr den Schulhof zum Einkaufen verlassen muss.“

Jonas: „Den Vorschlag finde ich nicht gut, weil es zu Streit beim Verkauf kommen kann.“

Maria: „Ein Schulkiosk ist eine klasse Sache, weil der Verkauf von Lebensmitteln Spaß macht.“

Erkan: „Ich finde die Idee echt cool, weil man so viele Leute kennen lernen kann.“

Sonja: „Ja, ich bin auch für einen Schulkiosk, denn wir können damit etwas Geld für die Schule verdienen.“

Natalie: „Ich bin nicht dafür, denn in den Pausen bleibt dann weniger Zeit für die Freunde.“

Kevin: „Ich bin auch gegen einen Schulkiosk, weil das viel Arbeit ist.“

1 Worüber diskutieren die Klassensprecherinnen und Klassensprecher?

Die Klassensprecherinnen und Klassensprecher haben unterschiedliche Meinungen.

2 Wer ist **für** einen Schulkiosk?
Markiere die Namen grün.

3 Wer ist **gegen** einen Schulkiosk?
Markiere die Namen rot.

Ein Kiosk für die Schule?

Die Klassensprecherinnen und Klassensprecher sagen ihre Meinung.
Sie begründen ihre Meinung.

4 Welche Gründe nennen die Klassensprecher **für** einen Schulkiosk?
Welche Gründe nennen sie **dagegen**?
Schreibe in ganzen Sätzen auf.

Gründe dafür:

Jeder kann sich etwas zum Essen und zum Trinken kaufen.

Gründe dagegen:

Nicht alle Schüler haben das Geld zum Einkaufen.

5 Welche Meinung hast du?
Schreibe auf. Begründe.

Ein Kiosk für die Schule?

Die Klassensprecherinnen und Klassensprecher haben abgestimmt: Sie wollen einen Schulkiosk einrichten. Die Schulleiterin hat Bedenken. Sie nennt ihre Gründe.

1 Lies, was die Schulleiterin sagt.

„Ihr habt keine Zeit für einen Kiosk, weil ihr eure Hausaufgaben nicht mehr schafft."

„Der Verkauf am Kiosk ist anstrengend, weil ihr euch in der Pause nicht erholt."

„Es wird schwierig, weil euch der Überblick über die zu erledigenden Aufgaben fehlt."

2 Wie können die Klassensprecherinnen und Klassensprecher antworten?

a) Wähle aus.

„Wir kennen alle Aufgaben, weil wir uns einen Arbeitsplan machen."

„Wir können uns in der Pause erholen, weil wir uns mit dem Verkauf abwechseln."

„Wir schaffen unsere Hausaufgaben, weil wir uns die Aufgaben teilen."

b) Schreibe die passenden Antworten auf.

Ein Kiosk für die Schule?

**Die Schulleiterin hat dem Schulkiosk zugestimmt.
Die Klassensprecherinnen und Klassensprecher überlegen als Nächstes, was sie am Kiosk verkaufen. Sie sammeln Ideen.**

frisches Obst | Saft | Schokoriegel | belegte Brötchen

selbst gebackener Kuchen | Kaugummi | Kakao

1 Welche Ideen findest du gut? Welche findest du nicht gut?
Schreibe auf. Begründe deine Meinung.

Ich finde den Verkauf von Saft nicht gut, weil wir dann schwere Kisten tragen müssen.

→ täglich frisch einkaufen, gesund, viel Arbeit, teuer, mögen viele Schüler, muss gekühlt werden, …

Ich bin für …
Ich finde es gut, …
Ich finde den Vorschlag gut, …
Ich bin gegen …

Berufsorientierung: die eigenen Stärken

Die eigenen Stärken erkennen – das kann ich

Damit du für dich den richtigen Beruf auswählst, musst du wissen, was deine Stärken sind.

Die folgenden Karteikarten beschreiben, was zu Hause und in der Schule wichtig ist.

1 Was wird auf den Karteikarten beschrieben? Ergänze.

→ sauber machen
~~zuhören~~
erklären
reparieren
körperlich arbeiten

zuhören:
Du hörst aufmerksam zu, wenn dir jemand etwas erzählt. Du weißt dann, was du tun musst.

______
Du reparierst Sachen, wenn sie kaputt sind, zum Beispiel dein Fahrrad, wenn es einen Platten hat.

______
Wenn jemand etwas nicht versteht, findest du die richtigen Worte, um es verständlich zu machen.

______
Du kannst Staub wischen, dein Zimmer saugen oder den Boden fegen.

______
Du kannst anstrengende Arbeiten machen, zum Beispiel etwas Schweres tragen.

2 Was kannst du gut? Das sind deine Stärken.

a) Wähle 2 Karteikarten aus.
b) Beschreibe eine Situation, in der du diese Stärken zeigen kannst.

Ich kann gut ______

Die eigenen Stärken erkennen – das kann ich

Für jeden Beruf solltest du wissen, was du gut kannst und was du noch nicht so gut kannst.

3 a) Lies die Tabelle Satz für Satz.
b) Kreuze an.

Das kann ich:	gut	noch nicht so gut
Ich kann zuhören.		
Ich kann Gegenstände reparieren.		
Ich kann etwas verständlich erklären.		
Ich kann körperlich arbeiten.		
Ich kann Informationen im Internet suchen.		
Ich kann sauber machen.		
Ich kann aufräumen.		
Ich kann Aufgaben richtig rechnen.		
Ich kann am Computer Texte schreiben.		

4 Werte deine Tabelle aus: Was kannst du gut?

a) Markiere deine Stärken grün.
b) Schreibe deine Stärken in ganzen Sätzen auf.

Meine Stärken

5 a) Zeige einer Freundin/einem Freund oder deinen Eltern deine Stärken.
b) Sprich mit ihnen über dein Ergebnis.

Der Umgang mit anderen – so bin ich

In Beruf und Alltag ist auch wichtig, wie du mit anderen arbeitest und wie du mit ihnen umgehst.

1 Lies die Karteikarten.

kompromissbereit:
Du lässt dich auf den Vorschlag einer anderen Person ein. Du bestehst nicht nur auf deiner Meinung.

zuverlässig:
Du hältst dich an Abmachungen. Andere können sich auf dich verlassen.

teamfähig:
Du kannst mit einem Partner oder in einer Gruppe gut zusammenarbeiten.

Verantwortung übernehmen:
Du passt zum Beispiel auf jemanden auf und sorgst dafür, dass nichts passiert. Du übernimmst auch Verantwortung, wenn du zu dem stehst, was du tust oder getan hast.

ordentlich:
Du bist ordentlich, wenn du Sachen wegräumst oder ordnest. Du findest die Sachen wieder, wenn du sie brauchst.

Bei den folgenden beiden Beispielen kannst du zeigen, was deine Stärken im Umgang mit anderen sind.

2 a) Du bist **freundlich**.
Stell dir vor, du kommst zu spät in die Klasse. Wie verhältst du dich?
Schreibe auf.

b) Du bist **kompromissbereit**.
Stell dir vor, du arbeitest mit zwei Schülern in einer Gruppe.
Ihr habt verschiedene Meinungen. Wie verhältst du dich?
Schreibe auf.

Der Umgang mit anderen – so bin ich

Damit du einen passenden Beruf auswählst, solltest du auch wissen, wie du bist.

3 a) Lies die Tabelle Satz für Satz.
b) Kreuze an.

So bin ich:	Ich meine:		Mein Partner meint:	
	oft	selten	oft	selten
Ich bin freundlich zu anderen Menschen.				
Ich bin zuverlässig.				
Ich bin teamfähig.				
Ich bin kompromissbereit.				
Ich versuche, Probleme zu lösen.				
Ich bin hilfsbereit.				
Ich bin pünktlich.				
Ich bin ordentlich.				
Ich übernehme Verantwortung.				

4 a) Tausche deine Tabelle mit einer Partnerin/einem Partner.
b) Kreuze für deinen Partner an, wie er ist.

5 Prüft gemeinsam: Stimmen eure Kreuze überein?
a) Markiere alle Stärken grün, bei denen ihr gleicher Meinung seid.
b) Schreibe deine Stärken in ganzen Sätzen auf.

Meine Stärken

Eine Bewerbung schreiben: die Form

Jasmin besucht die 8. Klasse. Im Mai macht die Klasse ein Praktikum. Dafür entwirft Jasmin ein Bewerbungsschreiben.

der Ort, das Datum — Soest, 15.3.2010

______ — Jasmin Kurze
Lindenstr. 7
59494 Soest

______ — An die
Bäckerei Halmer
Bahnhofstr. 42
59494 Soest

______ — **Bewerbung um eine Praktikumsstelle**

______ — Sehr geehrte Damen und Herren,

______ — hiermit bewerbe ich mich um eine Praktikumsstelle
vom 14.5. bis zum 28.5. in Ihrer Bäckerei.
Zurzeit besuche ich die 8. Klasse der Förderschule
Michael Ende.
Ich bediene gern Kunden.
Außerdem interessiere ich mich für das Backen.
Deshalb möchte ich gern mein Praktikum in Ihrer Bäckerei machen.
Ich freue mich über Ihre Zusage.

______ — Mit freundlichen Grüßen

______ — *Jasmin Kurze*

______ — **Anlage***: Lebenslauf

* Eine Anlage ist etwas, was zu einem Brief dazugelegt wird.

1 Wo will Jasmin ein Praktikum machen?

______

Ein Bewerbungsschreiben hat eine besondere Form.

2 Welche Bestandteile gehören zu jedem Bewerbungsschreiben?
Beschrifte das Bewerbungsschreiben von Jasmin.

der Absender ~~der Ort, das Datum~~ die Anlagen
der Textblock die Unterschrift der Betreff
der Gruß die Anrede die Adresse

Die eigene Bewerbung schreiben

Du kannst ein Bewerbungsschreiben für deinen Praktikumswunsch entwerfen.

1 Wende den Schritt **1** vom Schreibprofi an. Schreibe zu jedem Bestandteil der Bewerbung wichtige Informationen auf.

→ Schreibprofi Klappe vorn

Was will ich schreiben?

a) Ich schreibe zuerst meine Adresse als **Absender** auf.
b) Ich schreibe dann den **Ort** und das **Datum** auf.

Vorname, Name ____________________ Ort, Datum ____________________

Straße, Hausnummer ____________________

Postleitzahl, Wohnort ____________________

c) Ich überlege, wo ich mein Praktikum machen möchte.
Ich schreibe die **Adresse** auf.

____

____

____

____

d) Ich überlege mir den Betreff von meinem Bewerbungsschreiben.
Ich schreibe den **Betreff** auf.

Bewerbung um ____________________

→ ein Praktikum, eine Praktikumsstelle, einen Praktikumsplatz, …

e) Ich schreibe eine passende **Anrede** auf.

____

→ Sehr geehrte Frau …, Sehr geehrter Herr…, Sehr geehrte Damen und Herren, …

Die eigene Bewerbung schreiben

Ein wichtiger Bestandteil im Bewerbungsschreiben ist der Textblock. Darin beschreibe und begründe ich, warum ich mich bewerbe.

f) Ich schreibe meinen **Textblock**.

die Wiederholung des Betreffs

Ich bewerbe mich um

in

→ eine Praktikumsstelle, ein Praktikum, …
Ihrem Unternehmen
Betrieb
Geschäft, …

der Zeitraum von meinem Praktikum

meine Angaben zur Schule und zum Schulabschluss

→ Zurzeit besuche ich die … Klasse.
Ich bin in der … Klasse.

meine Interessen und Stärken

→ Ich interessiere mich für …
Ich arbeite gern …
Ich kann gut …

die Begründung für meine Berufswahl

meine Bitte um ein persönliches Gespräch

→ Ich freue mich über Ihre Zusage.
Über eine Zusage würde ich mich freuen.

Die eigene Bewerbung schreiben

2 Schreibe das ganze Bewerbungsschreiben.
Wende den Schritt **2** vom Schreibprofi an.
Verwende die Informationen von den Seiten 25 und 26.

→ Schreibprofi Klappe vorn

der Absender

der Ort, das Datum

die Adresse

der Betreff

die Anrede

der Textblock

der Gruß

die Unterschrift

die Anlagen

3 Überarbeite. Wende den Schritt **3** vom Schreibprofi an.

→ Schreibprofi Klappe vorn

4 a) Schreibe dein überarbeitetes Bewerbungsschreiben mit dem PC.
b) Drucke dein Bewerbungsschreiben aus.

5 Zeige dein Bewerbungsschreiben der Lehrerin/dem Lehrer.

Berufsorientierung: der Lebenslauf

Einen Lebenslauf schreiben: die Form

Sandra hat eine Bewerbung für ihr Praktikum geschrieben.
Als Anlage* fügt sie einen Lebenslauf dazu.

*Eine Anlage ist etwas, was zu einem Brief dazugelegt wird.

① **Lebenslauf**

② **Persönliche Daten:**

Name:	Sandra Münter
Anschrift:	Dahler Heide 27, 33100 Paderborn
Geburtsdatum:	3. März 1994

③ **Schulbildung:**

2000 – 2004:	Grundschule in Paderborn
2004 – 2006:	Hauptschule in Paderborn
ab 2006:	Astrid-Lindgren-Förderschule in Paderborn

④ **Außerschulische Kenntnisse und Interessen:**

Kenntnisse:	Blumenpflege
Hobbys:	Musik hören, mit Freundinnen treffen

⑤ Paderborn, 15.3.2010

⑥ *Sandra Münter*

1 Welche Hobbys hat Sandra? Schreibe auf.

____

Im Lebenslauf stehen wichtige Informationen. Sie sind übersichtlich geordnet.

2 In welcher Reihenfolge stehen die Informationen im Lebenslauf?

a) Nummeriere.
b) Schreibe in der richtigen Reihenfolge auf.

◯ Schulbildung	◯ der Ort, das Datum
◯ Persönliche Daten	◯ die Überschrift **Lebenslauf**
◯ die Unterschrift	◯ Außerschulische Kenntnisse und Interessen

① ______________ ② ______________

③ ______________ ④ ______________

⑤ ______________ ⑥ ______________

Den eigenen Lebenslauf schreiben

Du kannst deinen eigenen Lebenslauf entwerfen.
In einem Lebenslauf stehen als Erstes die persönlichen Daten.

1 Was gehört nicht zu den persönlichen Daten in einem Lebenslauf?
Streiche durch.
Orientiere dich dabei am Lebenslauf von Sandra.

die Haarfarbe   der Spitzname   die Anschrift
der Lieblingssänger   der Name   die Telefonliste
die Fahrradnummer   das Lieblingsessen
das Geburtsdatum   die Haustiere

2 Schreibe deine **persönlichen Daten** auf.

Name: ______________________

In einem Lebenslauf steht auch die Schulbildung.
Darunter schreibst du alle Schulen, die du besucht hast.

3 Schreibe **deine Schulbildung** auf.

a) Frage deine Lehrerin/deinen Lehrer nach deinen besuchten Schulen.

b) Schreibe auf,
- wie lange du die Schulen besucht hast,
- welche Schulen du besucht hast.

Orientiere dich dabei am Lebenslauf von Sandra.

_____ – _____   ______________________
_____ – _____   ______________________
_____ – _____   ______________________
_____ – _____   ______________________

Den eigenen Lebenslauf schreiben

In einen Lebenslauf gehören besondere Kenntnisse und Interessen (Hobbys).

4 Was sind **deine besonderen Kenntnisse**?

a) Kreuze an.

- ☐ mit Werkzeug umgehen
- ☐ servieren
- ☐ Computer (Informationen suchen)
- ☐ eine Kasse bedienen
- ☐ Englisch sprechen
- ☐ Fahrräder reparieren
- ☐ Tierpflege
- ☐ Erste Hilfe

b) Schreibe deine besonderen Kenntnisse von Aufgabe 4 a) auf.
c) Ergänze weitere.

5 Was sind **deine Interessen (Hobbys)**?

a) Markiere.

im Internet chatten   Musik hören   Fußball spielen
am Computer spielen   Hausaufgaben machen
zeichnen   Fahrrad fahren   Skateboard fahren
Freunde treffen

b) Schreibe deine Interessen (Hobbys) von Aufgabe 5 a) auf.
c) Ergänze weitere.

Den eigenen Lebenslauf schreiben

6 Schreibe den ganzen Lebenslauf.
Wende den Schritt **2** vom Schreibprofi an.
Verwende deine Informationen von den Seiten 29 und 30.

→ Schreibprofi Klappe vorn

Lebenslauf

Persönliche Daten:

Name:	
Anschrift:	
Geburtsdatum:	
Schulbildung:	

Außerschulische Interessen und Kenntnisse:

Kenntnisse:	
Hobbys:	

____
der Ort, das Datum

____
deine Unterschrift

7 Überarbeite. Wende den Schritt **3** vom Schreibprofi an.

→ Schreibprofi Klappe vorn

8 a) Schreibe deinen überarbeiteten Lebenslauf am PC.
b) Drucke deinen Lebenslauf aus.

9 Zeige deinen Lebenslauf der Lehrerin/dem Lehrer.

Einen Text überarbeiten

Die Klassenfahrt zum Silbersee

Für die Bearbeitung von diesem Kapitel brauchst du eine Partnerin / einen Partner.

1 Suche dir eine Partnerin / einen Partner.

Samira hat für die Schülerzeitung einen Bericht über ihre Klassenfahrt geschrieben.

2 Jeder liest den Bericht **Unsere Klassenfahrt zum Silbersee** allein.

Achtung Fehler

Dei Klassenfahrt zum Silbersee

Wir machten eine Klassenfahrt an den Silbersee. ~~wir~~ Wir bezogen am ersten Tag unsere Betten wir waren vor dem Essen im See schwimmen wir grillten am Abend am See wir machten am zweiten Tag eine Wanderung wir paddelten am dritten Tag auf dem See mit Kanus wir organisierten für die Nacht eine Wanderung durch den Wald wir besuchten am vierten Tag die Burg am See wir waren am Nachmittag schwimmen wir fuhren am fünften Tag nach Hause die Klassenfahrt war sehr schön

Samira hat beim Schreiben zwei Dinge nicht beachtet. Sie möchte ihren Bericht überarbeiten.

3 a) Ergänze die Satzzeichen am Satzende.
b) Streiche die Wörter am Satzanfang durch.
c) Schreibe sie richtig darüber.

- die Satzzeichen ergänzen
- den Satzanfang großschreiben

4 a) Lest euch gegenseitig den Bericht vor.
Macht nach jedem Satz eine deutliche Pause.
b) Vergleicht eure Texte.

Die Klassenfahrt zum Silbersee

Samira möchte anschaulich schreiben.

• Adjektive verwenden

5 Ergänzt passende Adjektive.
Es gibt mehrere Möglichkeiten.

Wir waren vor dem Essen im See schwimmen.

Das Wasser war ______________________.

Wir machten am zweiten Tag eine Wanderung.

Unsere Wanderung war ______________________.

Für die Nacht organisierten wir eine Wanderung durch den Wald.

Im Wald war es ______________________.

Der Weg war ______________________.

Am vierten Tag besuchten wir die Burg am See.

Die Burg war ______________________.

→ klar, eiskalt, warm, anstrengend, weit, dunkel, unheimlich, steinig, schmal, steil, groß, alt, …

Samira möchte, dass ihr Bericht interessant und lebendig ist.

• Satzglieder umstellen

6 Stellt die Satzglieder um. Achtet auf unterschiedliche Satzanfänge.
Denkt daran: Die Satzanfänge schreiben wir groß.

wir | bezogen | am ersten Tag | unsere Betten

Am ersten Tag bezogen wir unsere Betten.

wir | grillten | am Abend | am See

______________ *grillten wir* ______________

wir | paddelten | am dritten Tag | auf dem See | mit Kanus

______________ *paddelten wir* ______________

wir | besuchten | am vierten Tag | die Burg | am See

______________ *besuchten wir* ______________

Die Klassenfahrt an die Nordsee

Luca hat auch einen Bericht über seine Klassenfahrt geschrieben.

1 Überarbeite den Bericht von Luca allein:
- Ergänze die Satzzeichen am Satzende.
- Schreibe den Satzanfang groß.
- Ergänze zu den markierten Nomen anschauliche Adjektive.
- Stelle die Satzglieder um.

die Klassenfahrt: langweilig, lustig, aufregend, …
der Strand: steinig, nass, …
das Essen: scharf, gesund, …

Die Klassenfahrt an die Nordsee

1 wir machten eine Klassenfahrt an die Nordsee wir bezogen
2 am ersten Tag unsere Betten wir planten vor dem Essen
3 einen Spaziergang an den Strand wir kochten am Abend
4 gemeinsam ein Essen

Achtung Fehler

2 a) Tausche dein Arbeitsheft mit deiner Partnerin/deinem Partner.
b) Kreuze für deinen Partner an, wie er/sie den Text bearbeitet hat.
c) Schreibe auf, worauf deine Partnerin/dein Partner achten sollte.

So hast du den Text bearbeitet:	☺ ja, immer	😐 nicht immer	☹ nein, nie	Darauf solltest du achten:
die Punkte gesetzt				
die Satzanfänge großgeschrieben				
anschauliche Adjektive verwendet				
unterschiedliche Satzanfänge verwendet				

3 Werte die Tabelle aus: Worauf solltest du mehr achten?

Die Klassenfahrt an die Nordsee

So geht der Bericht von Luca weiter.

4 Überarbeite auch diesen Teil vom Bericht.
Denke dabei an das Ergebnis von Aufgabe 3.

Achtung Fehler

wir machten am zweiten Tag eine Wanderung zum Leuchtturm wir fuhren am dritten Tag mit dem Schiff zu den Seehunden wir badeten am Nachmittag in der Nordsee wir besichtigten am vierten Tag den Hafen am fünften Tag fuhren wir wieder nach Hause

5 a) Tausche dein Arbeitsheft mit deiner Partnerin/deinem Partner.
b) Kreuze für deinen Partner an, wie er/sie den Text bearbeitet hat.
c) Schreibe auf, worin sich deine Partnerin/dein Partner verbessert hat.

So hast du den Text bearbeitet:	☺ ja, immer	😐 nicht immer	☹ nein, nie	Darauf solltest du achten:
die Punkte gesetzt				
die Satzanfänge großgeschrieben				
anschauliche Adjektive verwendet				
unterschiedliche Satzanfänge verwendet				

6 Werte die Tabelle aus: Worin hast du dich verbessert?

Informationen vergleichen

Lies genau!

In der Zeitung steht ein Artikel über einen Banküberfall.

Bankräuber im Pech

Wien. Ein Bankräuber überfiel gestern um 15 Uhr die Bank in der Ringstraße. Zu dieser Zeit fiel starker Regen, sodass kaum ein Mensch auf der Straße war. Deshalb bemerkte niemand den Bankräuber, als dieser in die Bank stürmte.

Der Bankräuber hatte eine schwarze Mütze über das Gesicht gezogen. Er trug in der einen Hand eine Pistole und in der anderen Hand eine Aktentasche. Er ging sofort zum Schalter und verlangte die Herausgabe von Geld.

Am Schalter arbeitete zu dieser Zeit nur der Bankangestellte Herr B., der schon seit über 12 Jahren bei der Bank ist. Doch Herr B. konnte dem Bankräuber kein Geld geben. Die Kasse der Bank war noch leer. Als der Bankräuber das sah, brach er zusammen und war ohnmächtig.

Frau M., eine Kundin, war mit ihrer Enkelin in der Bank. Sie erkannte die Situation blitzschnell und riss dem ohnmächtigen Bankräuber die Pistole aus der Hand. Zu ihrer Überraschung stellte Frau M. fest, dass es sich nur um eine Spielzeugpistole handelte.

Kurze Zeit später trafen zwei Polizisten ein und verhafteten den Bankräuber. Der Sportwagen, den er direkt vor der Bank geparkt hatte, kam nicht zum Einsatz und steht wohl noch immer dort.

1 Wie viele Personen sind in dem Zeitungsartikel erwähnt?

a) Kreuze an.

☐ 5 Personen ☐ 6 Personen ☐ 7 Personen

b) Schreibe alle Personen auf.

ein Bankräuber,

Lies genau!

Eine Überwachungskamera hat den Banküberfall aufgezeichnet.

1

2

2 a) Vergleiche die Informationen über den Banküberfall im Zeitungsartikel mit den Bildern der Überwachungskamera.
b) Markiere die Unterschiede im Zeitungsartikel. Es sind insgesamt 7.

3 Schreibe die Unterschiede zwischen dem Zeitungsartikel und den Bildern der Überwachungskamera in die Tabelle.

im Zeitungsartikel	auf den Bildern
15 Uhr	14 Uhr

Einen Zeitungsartikel lesen und verstehen

Die Bilder und die Überschrift

Der Textknacker hilft dir, einen Text zu lesen und zu verstehen.
Du kannst den Textknacker auch für einen Zeitungsartikel verwenden.

1 Wende die Schritte [1] und [2] vom Textknacker an.

a) Sieh dir das Foto an.
b) Lies die Überschrift.

→ Textknacker
[1] Bilder
[2] Überschrift

2 Worüber könnte der Zeitungsartikel berichten?
Schreibe deine Vermutungen auf.

Feuerwehr sucht Schlange am Badesee

Suchaktion nach Riesenschlange erfolglos – Polizei bittet um Hilfe

1 **Eppingen.** Große Aufregung gab es am Montagnachmittag am Elsenzer Badesee. Eine Frau hatte hinter dem Kiosk eine Schlange gesehen. Nach ihren Beschreibungen war die Schlange etwa zwei Meter lang und grün. Die Feuerwehr und die Polizei wurden gerufen und suchten stundenlang nach dem Tier. Die Suche blieb jedoch zunächst erfolglos.

2 Am Dienstag aber wurde in der Nähe vom Badesee eine abgestoßene Schlangenhaut gefunden. Ein Experte begutachtete die Schlangenhaut und war sich sicher, dass diese von einem grünen Baumpython stammt.

3 Der Baumpython ist eine Riesenschlange. Sie lebt eigentlich im Regenwald und kommt in unseren Wäldern nicht vor. Die Schlange ist grün mit gelben Punkten und hält sich vorwiegend auf Bäumen auf. Der Baumpython ernährt sich von kleinen Säugetieren wie Mäusen, aber auch von Vögeln, Echsen und Insekten.

4 Die Schlange ist nach Angaben der Polizei nicht giftig und für den Menschen nicht gefährlich. Die Polizei bittet den Schlangenbesitzer, sich beim Revier in Eppingen zu melden.

Die Abschnitte und die Schlüsselwörter

In dem Zeitungsartikel stehen viele Informationen.
Du kannst dich besser orientieren, wenn du den Zeitungsartikel gliederst.

3 Wende den Schritt **3** vom Textknacker an.

→ Textknacker 3 Abschnitte

a) Lies die Abschnitte.
b) Wähle für jeden Abschnitt eine Überschrift aus oder überlege dir eigene Überschriften.

Die Polizei bittet um Mithilfe	Schlangenhaut gefunden
Aufregung am Badesee	So lebt der Baumpython

c) Schreibe die Überschriften auf die Linien.

1 ______________________________

2 ______________________________

3 ______________________________

4 ______________________________

Die Schlüsselwörter im Text sind besonders wichtig.

4 Wende den Schritt **4** vom Textknacker an.
Markiere in jedem Abschnitt die folgenden Schlüsselwörter.

→ Textknacker 4 Schlüsselwörter

1 am Elsenzer Badesee eine Schlange
die Feuerwehr und die Polizei suchten stundenlang

2 am Dienstag die Schlangenhaut gefunden
von einem grünen Baumpython

3 eine Riesenschlange lebt im Regenwald
grün mit gelben Punkten

4 die Schlange nicht giftig die Polizei bittet
sich beim Revier zu melden

Der ganze Text

**Du hast den Zeitungsartikel in Abschnitte gegliedert und jedem Abschnitt eine Überschrift gegeben.
Du hast auch die wichtigen Schlüsselwörter markiert.**

5 Wende die Schritte 6 und 7 vom Textknacker an.

→ Textknacker 6, 7 der ganze Text

a) Lies den ganzen Text.
b) Schreibe die wesentlichen Informationen auf.
Stelle dazu W-Fragen und beantworte sie.

Was hatte eine Frau am Elsenzer Badesee gesehen?
Die Frau hatte

→ eine Schlange

Wer

→ die Feuerwehr und die Polizei

Wann

→ am Dienstag

Wo

→ im Regenwald

Wie

→ grün mit gelben Punkten

6 Welche Informationen findest du außerdem wichtig?
Schreibe in ganzen Sätzen auf.

Du hast den Zeitungsartikel genau gelesen und die wesentlichen Informationen aufgeschrieben.

7 Was ist richtig? Was ist falsch?
Worüber macht der Zeitungsartikel keine Aussage?

	richtig	falsch	keine Aussage
Die Feuerwehr und die Polizei suchten eine Schlange.			
Die Schlange war aus dem Eppinger Zoo verschwunden.			
Ein Experte erkannte die Schlangenhaut.			
Ein Baumpython ist eine Riesenschlange.			
Der Baumpython ist gelb mit grünen Punkten.			
Der Baumpython lebt eigentlich im Regenwald.			
Das Gift vom Baumpython ist für Menschen gefährlich.			
Bis der Python gefangen ist, geht die Frau nicht mehr an den Badesee.			
Die Schlange wurde eingefangen.			

8 Welche Aussagen sind richtig? Welche sind falsch?

a) Kreuze an.
b) Belege deine Antwort mit der passenden Textstelle.
Schreibe den Satz aus dem Zeitungsartikel auf.

Die Schlange wurde zunächst nicht gefunden. ☐ richtig ☐ falsch

Die Suche blieb

Der Baumpython ist ein Pflanzenfresser. ☐ richtig ☐ falsch

Die Polizei sucht den Schlangenbesitzer. ☐ richtig ☐ falsch

Sicherheitszeichen lesen und verstehen

Sicherheitszeichen im Praktikum

In Betrieben gibt es verschiedene Arten von Sicherheitszeichen.
Sie unterscheiden sich in Form und Farbe.
Einige Sicherheitszeichen verbieten etwas, andere geben Hinweise für richtiges Verhalten.

1 Sieh dir diese 4 Arten von Sicherheitszeichen an.

2 Welche Form und welche Farbe haben die verschiedenen Sicherheitszeichen?
Markiere im Text.

Die Gebotszeichen:
Sie weisen darauf hin, was man tun muss,
damit man keinen Schaden erleidet.
Die Schilder sind immer rund.
Die Bilder sind weiß gezeichnet
auf einem blauen Hintergrund.

Die Rettungszeichen:
Sie zeigen den Fluchtweg.
Sie zeigen auch, wo man Hilfe holen kann.
Die Schilder sind immer viereckig.
Die Bilder sind weiß gezeichnet
auf einem grünen Hintergrund.

Die Warnzeichen:
Sie warnen vor möglichen Gefahren.
Sie sind immer dreieckig
mit der Spitze nach oben.
Der Rand und das Bild sind schwarz.
Der Hintergrund ist immer gelb.

Die Verbotszeichen:
Sie zeigen, was an dieser Stelle
verboten ist. Die Schilder sind rund.
Der Rand und der Schrägstrich sind rot.
Das Bild ist schwarz gezeichnet
auf einem weißen Hintergrund.

3 Welche Art von Sicherheitszeichen siehst du hier? Beschrifte.

 ____________________
 ____________________
 ____________________
 ____________________

Sicherheitszeichen im Praktikum

Hier siehst du weitere Sicherheitszeichen. Jedes hat eine bestimmte Bedeutung.

4 Schreibe zu jedem Sicherheitszeichen die richtige Bedeutung.

Warnung vor Rutschgefahr | Notruftelefon | Warnung vor giftigen Stoffen

Zutritt für Unbefugte verboten | Schutzhelm benutzen | ~~Feuer, offenes Licht und Rauchen verboten~~

Feuer, offenes Licht und Rauchen verboten

5 Was muss ich bei diesen Sicherheitszeichen tun? Kreuze an.

- ☐ Hier darf ich meine Kopfhörer aufsetzen.
- ☐ Hier ist es sehr laut. Ich sollte einen Gehörschutz tragen.
- ☐ Ich darf nur mit Kopfhörern eintreten.

- ☐ Ich sollte auf meine Handy-Rechnung achten.
- ☐ Ich darf beim Telefonieren nur flüstern.
- ☐ Hier darf ich mein Handy nicht benutzen.

- ☐ Hier komme ich direkt zum Ausgang.
- ☐ Im Notfall rette ich mich in dieser Richtung über den Rettungsweg.
- ☐ Ich darf rennen.

Einen Sachtext und Diagramme lesen und verstehen

Freizeitbeschäftigungen von Jugendlichen

Wissenschaftler haben die Freizeitbeschäftigungen von Jugendlichen untersucht. Einige Ergebnisse der Untersuchung erfährst du in diesem Kapitel.

Die liebsten Freizeitbeschäftigungen

→ Textknacker
2 Überschrift

Die Wissenschaftler haben Jugendliche befragt, wie sie ihre Freizeit am liebsten verbringen. Am häufigsten nutzen Jugendliche in ihrer Freizeit den Computer. Sie spielen Computerspiele oder chatten und surfen im Internet. Ebenso beliebt ist bei den Jugendlichen das Fernsehen. Sehr gern treffen sich die Jugendlichen in ihrer Freizeit auch mit Freunden. Dies nimmt Platz 3 ein in der Rangliste der liebsten Freizeitbeschäftigung. Mehr als die Hälfte der Jugendlichen treibt täglich Sport. Fast die Hälfte der Jugendlichen liest mehrmals in der Woche in einem Buch. Auch die Familie spielt eine wichtige Rolle. Etwa ein Fünftel der befragten Jugendlichen verbringt mehrmals in der Woche Zeit mit der Familie.

1 a) Lies die Fragen.
b) Markiere die Antworten im Text.
c) Schreibe die Antworten in ganzen Sätzen auf.

Wen haben die Wissenschaftler nach ihrer Freizeitbeschäftigung befragt?

Welche Freizeitbeschäftigungen haben die Jugendlichen genannt?

Wie viele Jugendliche verbringen mehrmals in der Woche Zeit mit der Familie?

Die Wissenschaftler zeigen ihre Ergebnisse oft in Balkendiagrammen, denn in Balkendiagrammen können sie Mengenangaben übersichtlich darstellen. Das siehst du auf der nächsten Seite.

Freizeitbeschäftigungen von Jugendlichen

Das folgende Balkendiagramm zeigt die Rangfolge der liebsten Freizeitbeschäftigungen von Jugendlichen.

1 Lies das Balkendiagramm.

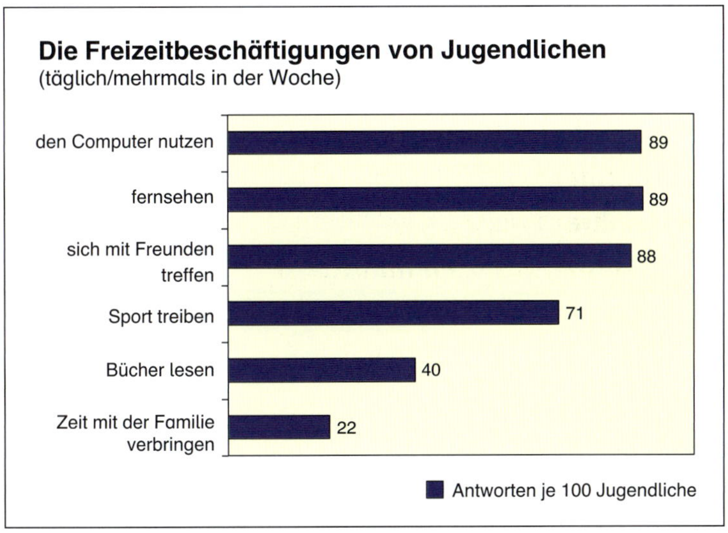

ein Balkendiagramm:

- Je länger ein Balken ist, umso größer ist die Menge.
- Die Zahl bei jedem Balken sagt, wie groß die Menge ist.

2 Was zeigt das Balkendiagramm?
Ergänze die Sätze und schreibe weitere auf.

Von 100 Jugendlichen nutzen 89 mehrmals die Woche den Computer.

Von 100 Jugendlichen sitzen ____ mehrmals die Woche vor dem Fernseher.

Von 100 Jugendlichen treffen sich ____ mehrmals die Woche mit ihren Freunden.

Von 100 Jugendlichen treiben

3 Beantworte die Fragen. Schreibe ganze Sätze.

Welche Freizeitbeschäftigungen machen die Jugendlichen gleich oft?

Welche Freizeitbeschäftigung nimmt Platz 3 in der Rangliste ein?

Die Freizeitbeschäftigungen von Jungen und Mädchen im Vergleich

Auch dieses Balkendiagramm zeigt die liebsten Freizeitbeschäftigungen von Jugendlichen. Es unterscheidet aber zwischen den Antworten der Mädchen (rot) und der Jungen (blau).

1 Lies das Balkendiagramm.

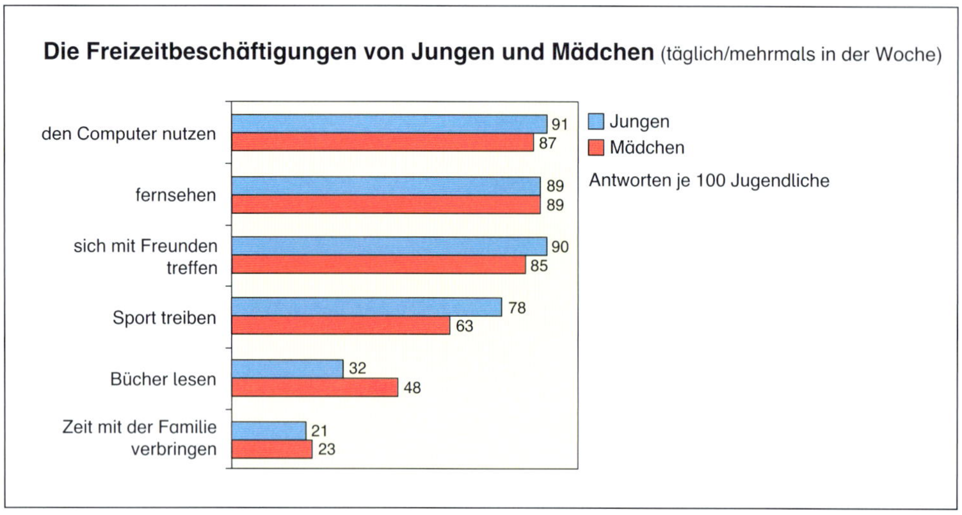

2 Werte das Balkendiagramm aus. Kreuze an.

	Jungen	Mädchen
Wer nutzt häufiger den Computer?	☐	☐
Wer trifft sich häufiger mit Freunden?	☐	☐
Wer treibt häufiger Sport?	☐	☐
Wer liest häufiger Bücher?	☐	☐

3 Beantworte die Fragen. Schreibe ganze Sätze.

Welche Freizeitbeschäftigung ist bei Jungen und Mädchen gleich beliebt?

Welche Freizeitbeschäftigungen nennen Mädchen häufiger als Jungen?

Bei welchen Freizeitbeschäftigungen liegen die Jungen vorne?

Die Freizeitbeschäftigungen von Jungen und Mädchen im Vergleich

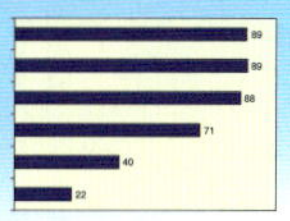

4 a) Sieh dir noch einmal das Balkendiagramm auf Seite 46 an.
b) Welche Aussagen sind richtig, welche sind falsch? Kreuze an.

	richtig	falsch
Jungen treffen sich häufiger mit Freunden als Mädchen.		
Am häufigsten treffen Jungen und Mädchen sich in ihrer Freizeit mit Freundinnen und Freunden.		
Fernsehen ist bei Jungen und Mädchen gleich beliebt.		
Der Computer steht bei Jungen auf Platz 1 der Freizeitbeschäftigungen.		
Beim Bücherlesen liegen die Jungen klar vorne.		
Jungen verbringen mehr Zeit mit ihren Familien als Mädchen.		
Mädchen lesen häufiger Bücher in ihrer Freizeit als Jungen.		
Jungen treiben häufiger Sport in ihrer Freizeit als Mädchen.		
Jungen und Mädchen verbringen mehrmals in der Woche Zeit mit ihren Familien.		

Du kannst die wesentlichen Ergebnisse der Studie zusammenfassen.

5 a) Markiere die richtigen Aussagen in Aufgabe 4.
b) Schreibe die richtigen Aussagen auf.

Die Freizeitbeschäftigungen von Jungen und Mädchen

Ein Kreisdiagramm lesen und verstehen

Der Stromverbrauch im Haushalt

Das Kreisdiagramm zeigt den Stromverbrauch der Familie Jung im letzten Jahr.

Der Stromverbrauch im letzten Jahr

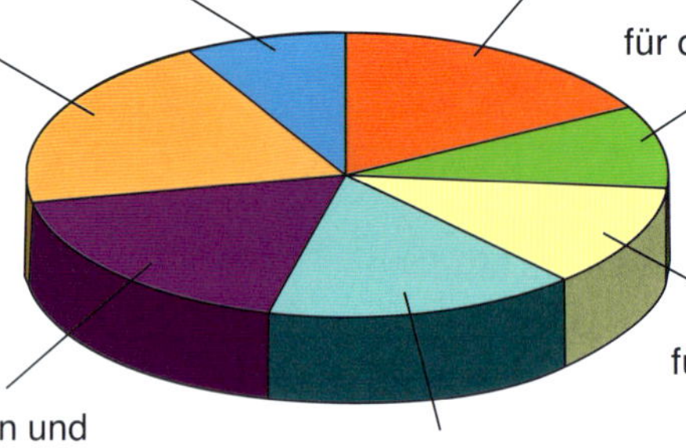

*kWh ist die Abkürzung für Kilowattstunde. 1 Kilowatt sind tausend Watt

1 Was zeigt das Kreisdiagramm? Schreibe einen Satz.

2 Wofür wird im Haushalt von Familie Jung Strom verbraucht?

für den Computer, den Fernseher und das Radio,

Das Kreisdiagramm hat farbige Teile.
Je größer ein Teil ist, umso mehr Strom wird verbraucht.

3 a) Wofür wird im Haushalt von Familie Jung **am meisten** Strom verbraucht?

Im Haushalt von Familie Jung wird

b) Wofür wird im Haushalt von Familie Jung **am wenigsten** Strom verbraucht?

Der Stromverbrauch im Haushalt

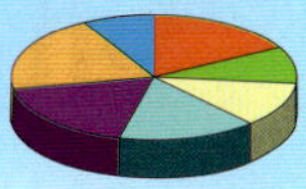

Die einzelnen Teile mit den angegebenen Zahlen lassen sich miteinander vergleichen.

4 Wofür verbraucht Familie Jung am meisten Strom?
Wofür verbraucht sie am wenigsten?
Ordne in die Tabelle ein. Beginne mit dem größten Stromverbrauch.

der Rang	der Stromverbrauch	Wofür?
1.	640 kWh	zum Kühlen/Gefrieren
2.	______ kWh	______
3.	______ kWh	______
4.	______ kWh	______
5.	______ kWh	______
6.	______ kWh	______
7.	______ kWh	______

5 Wie viele kWh könnte Familie Jung sparen, wenn sie keinen Geschirrspüler hätte? Schreibe einen Satz.

______

______

Mit der Bezeichnung Sonstige sind kleine Geräte im Haushalt gemeint, die auch Strom verbrauchen.

6 a) Beschrifte die Geräte.
b) Ergänze 2 weitere Geräte. Schreibe auf oder male ein Bild.

 ______

 ______

Eine kurze Geschichte lesen und verstehen

Ein Hund mit blauen Augen

Amak lebt in Grönland. Dort gibt es sehr viel Eis und Schnee. Mit Hunden, die Schlitten ziehen, kommen die Menschen über das Eis von einem Ort zum anderen.

1 Lies den Text. Wende dabei den Textknacker an.

→ Textknacker Klappe hinten

Ein Hund mit blauen Augen

Amak wünschte sich einen eigenen Hund, solange er denken konnte. Seine Familie besaß dreizehn Schlittenhunde. Aber Amak wollte einen Hund, der nur ihm gehörte. „Wenn ich einen eigenen Hund habe", sagte er eines Abends leise, „ist der Hund bei mir in der Nacht." Der Vater lächelte: „Es liegen dreizehn Hunde vor dem Eingang. Nimm dir irgendeinen!" Aber das war genau das Problem. Amak wollte nicht irgendeinen Hund! Amak wollte einen ganz besonderen Hund. Der Hund sollte jung sein, damit er sich an Amak gewöhnte. Und vor allem musste der Hund blaue Augen haben. In einem Ort **Heimat der Winde** gab es Hunde mit blauen Augen. Amak hatte sie selbst gesehen. Amaks Vater lachte: „Mein Sohn will einen besonderen Hund!" An diesem Abend lag Amak lange wach in seinem Bett aus Fellen. Er dachte an einen eigenen Hund. Mit Augen so blau wie der Himmel.

2 a) Lies die Fragen.
b) Markiere die Antworten im Text.
c) Schreibe die Antworten mit eigenen Worten auf. Schreibe ganze Sätze.

Warum wollte Amak einen eigenen Hund haben?

Amak möchte einen ganz besonderen Hund. Wie sollte der Hund sein?

Ein Hund mit blauen Augen

Als Amak am nächsten Morgen aufwachte, war sein Vater nicht da. Der Vater war früh mit dem Kajak weggefahren.

„Warum hat Vater mich nicht mitgenommen?", wollte Amak wissen. Doch seine Mutter lächelte nur und antwortete nicht. Da lief Amak hinaus, um zu fischen. Aber heute fing er nichts. Es lag vielleicht daran, dass Amak zu unruhig war. Bald ging Amak wieder zurück nach Hause. Es dauerte lange, bis endlich der Vater in der Ferne mit dem Kajak auftauchte. Amak rannte ihm entgegen. „Langsam", sagte der Vater lächelnd. „Langsam, mein Sohn!" Und dann wurde Amaks Traum Wirklichkeit: Aus dem Kajak sprang ein Hund. Ein Hund für Amak! Es war ein junges, dunkles und langhaariges Tier mit einem starken Körper. „Er heißt Punjon", sagte der Vater. „Und Punjon ist etwas ganz Besonderes! Er wird einmal der größte Hund in dieser Gegend sein." „Oh!", flüsterte Amak. „Danke!" Er starrte Punjon an und Punjon starrte zurück. „Der größte Hund in dieser Gegend", dachte Amak. „Aber er hat keine blauen Augen!" Amak fühlte eine tiefe Enttäuschung.

3 Was schenkte der Vater Amak?

4 Warum war Punjon nach Meinung des Vaters etwas ganz Besonderes?

5 a) Wie fühlte sich Amak, als er Punjon sah?

☐ Er freute sich. ☐ Er war enttäuscht. ☐ Er war wütend.

b) Weshalb fühlte sich Amak so? Schreibe den Grund auf.

Ein Hund mit blauen Augen

Amak war sehr enttäuscht. Punjon hatte keine blauen Augen! Doch Punjon folgte Amak vom ersten Augenblick an.

Amak ging aufgeregt hin und her und überlegte. Dann hatte er eine Idee: Amak wollte Punjon zu dem Ort bringen, der **Heimat der Winde** genannt wurde. Dort wollte er Punjon gegen einen Hund mit blauen Augen eintauschen. Sicher wollen die Leute gerne einen Hund gegen Punjon tauschen. Punjon war stark und schön! Amak war zufrieden mit seinem Plan. „Komm!", sagte er zu Punjon und sie gingen los.

6 Amak hatte eine Idee. Was wollte er mit Punjon machen?

Amak und Punjon machten sich auf den Weg zur Heimat der Winde.

Zuerst kamen sie gut vorwärts. Amak machte große Schritte und Punjon folgte ihm ohne Mühe. Dann aber wurde der Himmel schwarz. Ein Schneesturm brach los! „Komm!", schrie Amak. Und Punjon kam. Es wurde immer dunkler und der Sturm wurde schlimmer. Verzweifelt kämpfte Amak sich Schritt für Schritt durch die Dunkelheit. „Punjon?", fragte Amak. Und Punjon berührte Amak mit der Schnauze. Weit konnte es nicht mehr sein bis zur **Heimat der Winde**. Doch der Schnee kam jetzt von allen Seiten. Wohin mussten sie? Nach dort? Nach da? Amak wusste es nicht. Er machte ein paar Schritte und blieb stehen. Amak fühlte, wie er sehr müde wurde. Seine Beine wurden schwer. „Punjon?", flüsterte Amak. Punjon stupste ihn an. Amak taumelte weiter. Nach einer Weile aber wurde die Müdigkeit so stark, dass Amak sich einfach fallen ließ. „Geh heim", sagte er zu Punjon. „Du findest vielleicht heim." Aber als Amak einschlief, spürte er die Wärme des Hundes an seiner Seite. Punjon blieb bei ihm.

Ein Hund mit blauen Augen

7 Amak und Punjon kamen in einen schlimmen Schneesturm.

a) Wie verhielt sich Punjon, wenn Amak etwas sagte? Markiere im Text.
b) Schreibe es auf.

Das sagte Amak:	Das machte Punjon:
„Komm!“, schrie Amak.	Punjon kam.
„Punjon?“, fragte Amak.	Punjon
„Punjon?“, flüsterte Amak.	
„Geh heim“, sagte Amak.	

Am nächsten Morgen hatte sich der Schneesturm gelegt.

Als es wieder hell wurde, kamen Leute. Sie nahmen Amak und Punjon mit zur **Heimat der Winde**. „Der Hund hat dich warm gehalten“, sagten die Leute, als Amak bei ihnen saß. Amak nickte. Vor ihm auf dem Boden spielten drei junge Hunde. Ihre Augen waren so blau wie der Himmel. „Warum bist du gekommen?“, wollten die Leute wissen. Amak legte den Arm um Punjon und drückte ihn fest an sich. „Wir wollten euch besuchen“, sagte Amak. „Mein Hund und ich. Nur so.“

8 Zum Schluss wollte Amak den Hund Punjon doch nicht mehr gegen einen Hund mit blauen Augen tauschen. Warum wollte Amak das nicht? Schreibe deine Vermutungen auf.

Ein Buch kennen lernen

Mehr als ein Spiel

In diesem Kapitel lernst du vier Auszüge aus dem Jugendbuch Mehr als ein Spiel kennen.

Mehr als ein Spiel

→ Textknacker 6, 7 der ganze Text

Frieda war allein zu Hause. Sie schnüffelte im Zimmer von ihrem Bruder Bastian. Dort entdeckte sie ein Fernglas und nahm es einfach mit.

Schnell lief Frieda die Treppe hinunter auf die Straße. Sie hielt sich das Fernglas vor die Augen. Alles war auf einmal ganz nah, zum Beispiel der Park. „Suchst du etwas?“, fragte plötzlich jemand hinter Frieda. Erschrocken drehte sie sich um. Ein Junge mit Kappe stand da und grinste. „Nein“, sagte Frieda schnell. „Ich gucke nur so.“ „Ist das dein Fernglas?“, fragte der Junge. „Sozusagen.“ „Nicht schlecht“, murmelte er, „zeig mal!“ Frieda gab ihm das Fernglas. Der Junge sah hindurch, pfiff durch die Zähne und sagte: „Würdest du es mir für eine halbe Stunde leihen? Du kriegst es auch bestimmt wieder zurück.“ Er hob feierlich die Hand. „Ich halte, was ich verspreche.“ Frieda zögerte. „Nein, das geht nicht, weil …“ Sie stockte. „Wozu brauchst du es denn?“ „Das kann ich dir nicht sagen. Das ist geheim.“ Frieda biss sich auf die Lippe. „Also gut“, sagte sie. „Für eine halbe Stunde leihe ich es dir. Aber keine Sekunde länger.“ Der Junge nahm das Fernglas. „Übrigens, ich heiße Tom“, sagte er. „Und du?“

1 In diesem Auszug lernst du zwei Jugendliche kennen: Frieda und Tom.

a) Markiere im Text, was du über sie erfährst.
b) Schreibe auf.

Frieda: ____________________

Tom: ____________________

Mehr als ein Spiel

Nachdem Tom Frieda das Fernglas pünktlich zurückgebracht hatte, gab Frieda ihm das Fernglas für einen weiteren Tag.

→ Textknacker
4 Schlüsselwörter

Längst war zwei Uhr vorbei. Frieda stand immer noch da und konnte es nicht glauben: Tom war nicht gekommen. Er brachte das Fernglas diesmal nicht zurück, obwohl er es versprochen hatte. Hatte er sie angelogen? Die Gedanken schossen Frieda nur so durch den Kopf. Frieda ging über die Straße und in den Park. Plötzlich blieb sie stehen. Schon von weitem erkannte sie Tom. Er saß auf einem Fahrrad und redete mit zwei Jungen. Frieda bekam weiche Knie. Doch sie nahm allen Mut zusammen und ging zu Tom hinüber. „Wo ist mein Fernglas?", fragte sie. Tom sah sie an und zuckte mit den Schultern. Er tat, als hätte er von einem Fernglas noch nie etwas gehört. „Keine Ahnung, was die meint", sagte er und grinste die beiden Jungen an. „Aber ich habe es dir doch gestern geliehen!" Frieda wurde wütend. Tom verzog keine Miene. Einer der beiden Jungen sagte: „Hau ab! Du störst." Der andere Junge machte einen Schritt auf sie zu. Schnell drehte sich Frieda um und ging. Sie hörte den Jungen noch rufen: „Sei demnächst lieber vorsichtiger – und steck deine Nase nicht in Sachen, die dich nichts angehen! Das könnte wehtun, verstanden?"

2 In diesem Auszug lernst du Tom noch näher kennen.

a) Markiere im Text, was du über ihn erfährst.
b) Schreibe auf.

Tom: ______________________________

3 Was ist richtig? Was ist falsch? Kreuze an.

	richtig	falsch
Tom brachte das Fernglas am zweiten Tag zurück.		
Tom redete mit zwei Jungen.		
Tom tat, als hätte er noch nie von einem Fernglas gehört.		
Frieda war glücklich, Tom zu sehen.		
Die zwei Jungen bedrohten Frieda.		

Mehr als ein Spiel

Am nächsten Morgen brach Frieda früh in den Park auf, um Tom zu suchen. Aber Tom war nicht dort.

→ Textknacker 3 Abschnitte

Frieda lief den ganzen Vormittag ziellos durch die Gegend. Sie war ratlos. Was konnte sie bloß tun? Plötzlich hatte sie eine Idee.

Am Nachmittag hängte Frieda den ersten Zettel an einem Baum auf. Darauf stand: „Ich suche Tom, weil er mir noch etwas schuldet. Wer mir weiterhilft, bekommt eine Belohnung. Bitte melde dich bei: Frieda Voss, Telefon 6 98 52."

Wieder zu Hause, ging Frieda vor dem Telefon auf und ab. Aber es blieb still. Schließlich verließ sie der Mut. Plötzlich klingelte das Telefon. Mit klopfendem Herzen meldete sich Frieda. „Hier ist Tom." „Tom?", fragte sie ungläubig. „Ja, ich bin's", sagte er. „Wahrscheinlich glaubst du mir nicht mehr. Aber ich sage dir jetzt die Wahrheit. Ich musste vor Benno und Sven so tun, als wäre mir dein Fernglas egal. Aber das stimmt nicht. Ich werde es zurückholen. Das verspreche ich!" „Wieso zurückholen?", fragte Frieda. „Das kann ich dir jetzt nicht erklären. Aber ich bringe dir das Fernglas zurück." Bevor Frieda etwas sagen konnte, hatte Tom aufgelegt.

Am nächsten Morgen klingelte das Telefon erneut. Frieda rannte hin. „Hallo!", sagte eine Stimme. Diesmal war es nicht Tom. „Ich habe deinen Zettel gelesen. Misch dich nicht in Sachen ein, die dich nichts angehen. Tom schuldet dir gar nichts. Ist das klar?" Frieda schluckte. Sie sagte nichts.

4 a) Welche Idee hatte Frieda?

b) Wer meldete sich bei Frieda, nachdem sie die Zettel aufgehängt hatte?

5 Wer Frieda weiterhilft, bekommt eine Belohnung. Was könnte das sein?

Mehr als ein Spiel

Die Ferien waren vorbei. Nach dem ersten Schultag ging Frieda allein nach Hause.

→ Textknacker
1 Bilder

Plötzlich sah Frieda zwei Jungen am Ende der Straße. Es waren Benno und Sven. Die Namen hatte Tom ihr am Telefon genannt. Schnell wechselte sie die Straßenseite. Doch Benno und Sven liefen hinter ihr her. Frieda bekam weiche Knie. „Guck mal, Benno!“, rief Sven. „Da ist ja die Kleine, die sich immer in Sachen einmischt, die sie nichts angehen.“ „Genau“, stimmte Benno zu. „Und dann behauptet sie auch noch, alle möglichen Ferngläser gehörten ihr!“ Die beiden holten sie ein. Zum Wegrennen war es zu spät. Benno packte Frieda am Arm. Sven fasste sie am Kinn an. „Hast du Geld dabei?“, fragte er. „Nein, ich …“ Frieda schnappte nach Luft. „Das heißt, ja.“ „Dann her damit, aber schnell!“ Frieda zog zwei Euro aus ihrer Hosentasche. „Ist das alles?“, fragte Benno. Sie nickte. „Beim nächsten Mal reicht das aber nicht.“ Benno griff noch mal kurz fest zu. „Ich warne dich“, sagte Sven, „wehe, wenn du uns verrätst!“ Dann rannten sie weg.

nach Sigrid Zeevart

6 a) Wer bedrohte Frieda?

b) Was forderten die beiden Jungen von Frieda?

7 a) Wähle einen der folgenden Aufträge aus.
b) Bearbeite ihn mit dem Schreibprofi. Schreibe in dein Heft.

→ Schreibprofi
Klappe vorn

A Stell dir vor, Tom hat den Vorfall beobachtet. Er spricht danach mit Sven und Benno. Schreibe auf, wie das Gespräch verlaufen könnte.

B Stell dir vor, Frieda berichtet ihren Eltern von dem Vorfall. Schreibe auf, was Frieda berichten könnte.

C Wie hätte Frieda anders reagieren können? Und wer hätte ihr helfen können? Schreibe diesen Auszug der Geschichte um.

Das kann ich! Notizen machen

Der Künstler Hundertwasser entwarf auch Kunst für alltägliche Gegenstände. Darüber informiert der folgende Lexikonartikel.

Kunst auf Tassen und Büchern

Die Kunst von Hundertwasser findet man auch auf Gegenständen für den Alltag. Hundertwasser entwarf zum Beispiel Geschirr, das mit seinen bunten Bildern bedruckt wurde. Dabei wurde echtes Gold und Silber verarbeitet. Deshalb sind die Kaffeekannen, Tassen und Teller sehr wertvoll.

Außerdem gestaltete Hundertwasser verschiedene Bücher mit seinen Bildern. So entwarf er zum Beispiel die Umschläge für ein Lexikon, das aus 24 einzelnen Bänden besteht. Die Umschläge und die Schrift darauf sind alle in einer anderen Farbe. Jeder Band ist dadurch ein Einzelstück. Trotzdem passen alle Bände zusammen.

1 Markiere in jedem Abschnitt die wichtigen Informationen.

2 Mache dir Notizen.

a) Schreibe zu jedem Abschnitt eine Überschrift auf.
b) Schreibe aus jedem Abschnitt die wichtigen Informationen auf.
c) Male ein passendes Bild dazu.

die Überschrift

1

die Überschrift

2

Inhalte zusammenfassen

Anna Reusch hat einen Sachtext über Inlineskates geschrieben.

Unterwegs auf acht Rollen

Schon seit etwa 250 Jahren entwarfen Erfinder verschiedene Modelle von Rollschuhen, bei denen die Rollen in line, also hintereinander, angeordnet waren. Vor etwa 30 Jahren entwickelte ein Eishockeyspieler die Inlineskates weiter, denn er wollte auch im Sommer trainieren.

Aus der Erfindung wurde der Trendsport Inlineskaten. Viele Menschen wollten die Sportart ausprobieren. Es wurden viele Millionen Inlineskates verkauft. Anfang der 90er Jahre wurde das Inlineskaten auch in Deutschland bekannt.

Du kannst den Text zusammenfassen, um andere kurz darüber zu informieren.

1 a) Markiere den Namen der Autorin.
b) Markiere die Überschrift vom Text.
c) Nenne das Thema vom Text.

____

2 Markiere in den Abschnitten 1 und 2 die folgenden Schlüsselwörter:

seit etwa 250 Jahren verschiedene Modelle Rollen hintereinander
der Trendsport Anfang der 90er Jahre in Deutschland

3 Fasse den Inhalt vom Text zusammen.
Ergänze dazu passende Wortgruppen und schreibe ganze Sätze auf.

In dem Sachtext Unterwegs auf acht Rollen schreibt die Autorin

______________ über ______________________.

Die Erfindung der Inline-Skates begann schon vor etwa 250 Jahren.

____

____

Inlineskaten wurde zu einem Trendsport.

____

____

Eine Bewerbung schreiben

Ein Bewerbungsschreiben hat eine besondere Form.

1 Welche Bestandteile gehören zu jedem Bewerbungsschreiben? Beschrifte das Bewerbungsschreiben von Janis.

Rosetal, 17.3.2010

Janis Bergmann
Buchenweg 27
08150 Rosetal

*
*
*
*
*
*

Sternebäckerei
Sandweg 115
08150 Rosetal

*
*
*
*
*

Bewerbung um einen Praktikumsplatz

*
*

Sehr geehrter Herr Teschner,

*

hiermit bewerbe ich mich bei Ihnen um einen Praktikumsplatz. Unser Schülerbetriebspraktikum soll in der Zeit vom 11. 9. bis 29. 9. 2010 stattfinden.

*

Ich besuche zurzeit die 8. Klasse der Nordstadtschule, die ich voraussichtlich im Sommer 2012 mit dem Förderschulabschluss verlassen werde.

*

In meiner Freizeit backe ich gern Torten und Kuchen. Ich kann gut mit Küchenmaschinen umgehen. Bei der Fertigung der Torten bin ich kreativ und geschickt.
Aufgrund meiner Stärken und Interessen bin ich überzeugt, dass ein Beruf im Bäckerei- und Konditorgewerbe zu mir passt. Daher möchte ich gern bei Ihnen mein Praktikum absolvieren. Über die Einladung zu einem persönlichen Gespräch würde ich mich sehr freuen.

*

Mit freundlichen Grüßen

Janis Bergmann

Anlage: Lebenslauf mit Foto

Einen Lebenslauf schreiben

Erkan hat einen Lebenslauf geschrieben.

Lebenslauf

Persönliche Daten

Name:	Erkan Vanetto, genannt Lillo
Adresse:	Himmelgeister Str. 105 40225 Düsseldorf, in der Nähe der Schwimmoper
Geburtsdatum:	29. März 1994

Achtung Fehler

Schulbildung

2000 – 2005	Grundschule, Lieblingslehrerin Frau Riese
ab 2005	Förderschule mit vielen tollen AG's

Kenntnisse und Interessen

Hobbys:	Fußball spielen, Computer spielen

Düsseldorf, 8. 3. 2010

Erkan Vanetto

1 Welche Informationen sind in diesem Lebenslauf überflüssig? Streiche sie durch.

2 Welche Informationen gehören in einen Lebenslauf?

a) Kreuze an.

- [ ] die persönlichen Daten
- [ ] die Unterschrift
- [ ] die Schulbildung
- [ ] das Lieblingsessen
- [ ] die Kenntnisse und Interessen
- [ ] das Schwimmabzeichen
- [ ] die Familiengeschichte
- [ ] der Ort, das Datum
- [ ] das Körpergewicht
- [ ] die Überschrift **Lebenslauf**

b) Schreibe in der richtigen Reihenfolge auf.

① ______________________ ② ______________________

③ ______________________ ④ ______________________

⑤ ______________________ ⑥ ______________________

Sicherheitszeichen lesen

In Betrieben gibt es verschiedene Arten von Sicherheitszeichen.
Einige geben Hinweis für richtiges Verhalten, andere warnen vor Gefahren.

1 Beschrifte die vier **Arten von Sicherheitszeichen**.

 ____________________

 ____________________

 ____________________

 ____________________

2 Was bedeuten diese Sicherheitszeichen?
Schreibe die richtige Bedeutung auf.

Ein Balkendiagramm lesen

Wissenschaftler haben Jungen und Mädchen befragt, wie sie mit ihren Freunden Kontakt halten.

Die Art und Weise des Kontakts zwischen Jugendlichen

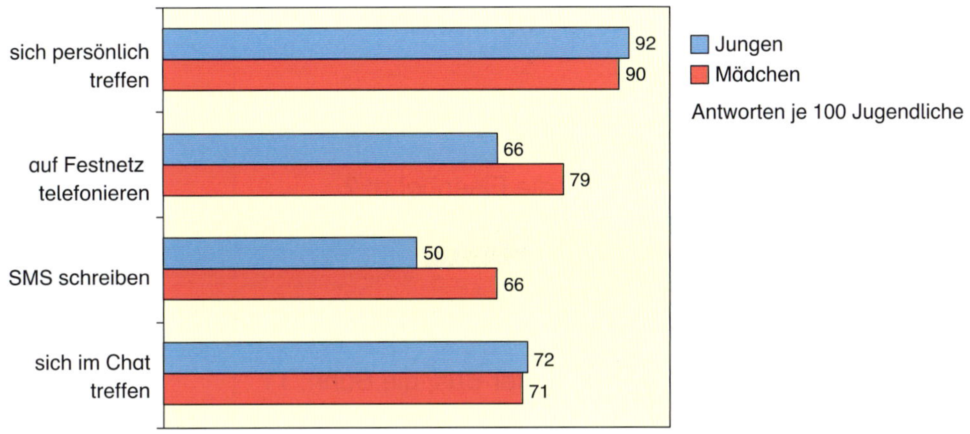

1 Auf welche Art und Weise halten Jugendliche mit ihren Freunden Kontakt? Schreibe auf.

2 a) Wie viele von 100 Jungen schreiben SMS?

Von 100

b) Wie viele von 100 Mädchen treffen sich im Chat?

3 Werte das Balkendiagramm aus. Kreuze an.

	Jungen	Mädchen
Wer schreibt häufiger SMS?	☐	☐
Wer trifft sich häufiger persönlich?	☐	☐
Wer telefoniert häufiger auf Festnetz?	☐	☐

4 Wie halten Jugendliche am häufigsten Kontakt mit ihren Freunden?

Das kann ich! Ein Kreisdiagramm lesen

Viele Menschen legen jeden Tag den gleichen Weg zwischen Wohnung und Arbeitsplatz zurück. Für diesen Weg benutzen sie verschiedene Verkehrsmittel.

Benutzte Verkehrsmittel (je 100 Personen)

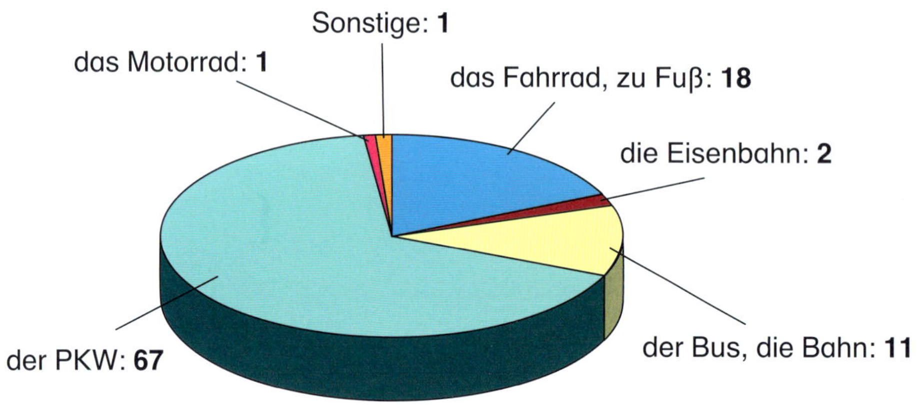

1 Wie viele von 100 Personen benutzen die verschiedenen Verkehrsmittel? Übertrage die Verkehrsmittel und die Zahlen aus dem Kreisdiagramm in die Tabelle.

die benutzten Verkehrsmittel	von 100 Personen
das Motorrad	

2 a) Welches Verkehrsmittel benutzen die meisten Personen? Kreuze an.

☐ die Eisenbahn ☐ das Fahrrad ☐ den PKW

b) Welches Verkehrsmittel benutzen die wenigsten Personen? Kreuze an.

☐ das Fahrrad ☐ das Motorrad ☐ den Bus